BEI GRIN MACHT SICH IHR WISSEN BEZAHLT

- Wir veröffentlichen Ihre Hausarbeit, Bachelor- und Masterarbeit

- Ihr eigenes eBook und Buch - weltweit in allen wichtigen Shops

- Verdienen Sie an jedem Verkauf

Jetzt bei www.GRIN.com hochladen und kostenlos publizieren

Bibliografische Information der Deutschen Nationalbibliothek:

Die Deutsche Bibliothek verzeichnet diese Publikation in der Deutschen National-bibliografie; detaillierte bibliografische Daten sind im Internet über http://dnb.d-nb.de/ abrufbar.

Impressum:

Copyright © 2016 GRIN Verlag, Open Publishing GmbH
Druck und Bindung: Books on Demand GmbH, Norderstedt Germany
ISBN: 9783668309289

Dieses Buch bei GRIN:

http://www.grin.com/de/e-book/340829/theoretische-grundlagen-der-sportgeschichte

Erika Wießner

Theoretische Grundlagen der Sportgeschichte

GRIN Verlag

Theoretische Grundlagen der Sportgeschichte

• **Erläutere die weite Bedeutung des Begriffes „Sport".**

→ Sportwissenschaft ist eine sog. Humanwissenschaft. Im Mittelpunkt der Sportwissenschaft steht das Bewegungs- und Sporthandeln der Menschen, das von unterschiedlichen Aspekten und Zusammenhängen geprägt ist und dementsprechend von unterschiedlichen Blickwinkeln interdisziplinär zu betrachten ist.

• **Vergleiche und unterscheide die weite und die enge Bedeutung des Begriffes Sport.**

Enge Bedeutung: Erscheinungsformen des modernen Sports (Ende des 19. Jh.) und dessen ´Konstruktionsprinzipien´, gebunden an gesellschaftlich-kulturelle Entwicklung. Ausdruck technischer Zivilisation (Prinzip des Forstschritts/ der Leistungsverbesserung/ des Konkurrenzkampfes). Sportarten und Disziplinen, Organisationsformen in Verbänden/Vereinen, medienwirksam inszenierter Sport basieren auf Prinzipien.

Weite Bedeutung: `Sport´ zu allen Zeiten (nach festen Regeln, verbunden mit in der jeweiligen Zeit bestehenden kulturellen Normen & Werten, zeitabhängig, wandelbar, veränderbar), Körper- und Bewegungskultur (siehe: Der Versuch einer Definition (Edgar Beckers 1995))

• **Erläutere die Fachbegriffe diachrone und synchrone historische Betrachtungsweise und gib Beispiele.**

→ **synchrone Betrachtungsweise:** als eine Vorgehensweise, die die Gleichzeitig unterschiedlicher Aspekte in einem abgegrenzten Zeitraum in Beziehung zueinander setzt

→ Querschnittsorientierung, Bsp: Der Zusammenhang von Leistungssportentwicklung und olympischer Geschichte am Beispiel der DDR-Sportförderung

→ **diachrone Betrachtungsweise:** als entwicklungsgeschichtliche Vorgehensweise, die ein Phänomen in seiner Entwicklung durch die Zeit hinweg verfolgt.

→ Längsschnittorientierung, wie und warum verändert sich etwas? , Bsp. Tennismode im Wandel der Zeit

• **Vergleiche und unterscheide die beiden sporthistorischen Schemata zur Epocheneinteilung.**

→ 1.) Das Antike- , Mittelalter- , Neuzeit- Schema

- Körperkultur und Sport bei autochthonen, aus sich heraus bestehenden

- Völkern/Gesellschaften (Altsteinzeit/Jungsteinzeit/heutige Beispiele)

- Körperkultur und Sport der frühen Hochkulturen
- Antiker Sport (Griechen, Römer, etwa 1200 v. Chr. bis 500 n. Chr.)
- Mittelalterlicher Sport (500 – 1500)
- Sport in der frühen Neuzeit (1500 bis 1800)
- Sport in der Neuzeit des 19. Jh./20. Jahrhunderts
- Zeitgeschichte des Sports (Sport der heute lebenden Menschen)
  (eurozentristische, für uns gewohnte Epocheneinteilung)
→ 2.) Sozialgeschichtlich orientierte Epocheneinteilungsmuster der
 Sportgeschichte
- Körperkultur voragrarischer Gesellschaften der Jäger und Sammler
- Körperkultur und Sport agrarisch geprägter Gesellschaften
- Körperkultur und Sport industriell geprägter Gesellschaften
-Körperkultur und Sport postindustriell geprägter Gesellschaften
  (abstrakter, global von allen Sporthistorikern aller Kulturen verwendbar)

• **Was ist Sportgeschichte?**
→Sportgeschichte ist ein bedeutungsvoller Zusammenhang zwischen vergangener und gegenwärtiger Körperkultur. Diesen Zusammenhang stellen Menschen erzählend her, um Orientierung für gegenwärtiges und zukünftiges Handeln im Sport zu gewinnen. (siehe Skript)

• **Was beinhaltet „historisches Denken", der Begriff „homo historicus"?**
→ **Historisches Denken** als lebensweltlich-alltäglicher Prozess menschlicher Identitätsbildung.

Als denkender „Homo Sapiens" ist der **Mensch** auch ein **geschichtliches Wesen**, ein **„Homo Historicus",** der sich **reflektiert oder unreflektiert seiner Geschichte zu stellen und in ihr zu leben** hat. Der Mensch hat (seine) Geschichte; **Geschichtlichkeit** ist ein **Kennzeichen des Mensch-Seins.** (siehe Skript)

• **Erläutere die vierfache Bedeutung des Begriffes „Geschichte".**
→**1.** Der Begriff „Geschichte" kann für den immer wieder neu von Menschen leistenden **Prozess historischer Bewusstseinsbildung** stehen, der die Verknüpfung von erinnerter Vergangenheit, gegenwärtigem Orientierungsbedürfnis und Zukunftserwartungen umfasst.

2. Der Begriff „Geschichte" bezeichnet häufig auch die **Summe aller vergangenen menschlichen Handlungen**, Begebenheiten und Entwicklungen.

3. Der Begriff „Geschichte" kann **die konkrete Erzählung, die narrative Struktur** eines sinnstiftenden Zusammenhangs zwischen Vergangenheit und Gegenwart bezeichnen,

4. aber auch die geschichtswissenschaftliche oder schulische **Fachdisziplin**.

• **Erläutere den Arbeitsgang einer historischen Untersuchung (historische Methode).**

→ Fachwissenschaftliches historisches Denken konstituiert sich durch die „historische Methode" als die „Gesamtheit der Regeln des historischen Denkens. Sie bestimmen die Verfahren, nach denen die menschliche Vergangenheit als Geschichte vergegenwärtigt wird" (Rüsen1997, 140).

• **Was beinhaltet: quellenkritische Erhebung von Informationen?**

Quellenkritik = Erfassung des Quelleninhaltes + Einordnung der gewonnenen Informationen vor dem Hintergrund einer formalen Quellenbeschreibung (siehe Skript)

• **Was ist eine Quelle? Welche Quellenarten unterscheidet man?**

→ Alle Hinterlassenschaften aus der Vergangenheit, die uns Informationen zu einer bestimmten Fragestellung geben, sind für uns Quellen.

Unterscheidung:

- **Überrest** (Hinterlassenschaft, die in der Vergangenheit nicht zum Zwecke der Überlieferung geschaffen wurde)

- **Tradition** (Hinterlassenschaft aus der Vergangenheit zum Zwecke der Überlieferung)

- **Gegenständliche Quellen** (Stadien, Sportgeräte, Tote, alte Samen, Vasenmalerei, Siegel, Münzen, etc.)

- **Schriftliche Quellen** (Annalen, Autobiographien, Tagebuch, Festschrift, Briefwechsel, Aktenmaterial von Organisationen, Landkarten, Liedertexte)

- **Primärquelle** (ungefilterte authentische Quelle aus der betreffenden Zeit zur Thematik der Untersuchung)

- **Sekundärquelle** (gefilterte Quelle aus 'zweiter Hand')

- **Erzählte Erinnerung von Zeitzeugen** (methodische Befragung, `Oral History`)

• **Was sind die besonderen Leistungen wissenschaftlich verfassten historischen Denkens?**

→ Begründungsobjektivität JA   Produktobjektivität NEIN

- Offenlegung der Fragestellungen und der forschungleitenden Interessen,
- Möglichst umfassende Suche und Bearbeitung relevanter Quellenbestände,
- Offenlegung der Normen und Wertvorstellungen, auf deren Grundlage die objektiv aus den Quellen ermittelten Informationen interpretiert werden,
- Das „Mitdenken" anderer, ergänzender, aber auch konkurrierender Argumentationen, so dass es zu einer Perspektivenerweiterung kommt.

- Wissenschaftlich verfasstes (sport)historisches Denken wird damit auch über unterschiedliche Standpunkte hinweg *zu einer Angelegenheit des rationalen Argumentierens,* ausgerichtet auf intersubjektive Überprüfbarkeit, Erkenntnisvertiefung und Konsensbildung

- Leistungen für jede menschliche Kommunikation überhaupt

Bewegungskultur des Pharao

• Erläutere das Königsdogma.

→ Pharao wörtlich übersetzt: „Das große Haus", Pharao als zentrale Figur ägyptischer Geschichte

Der Pharao als Inkarnation des Himmelsgottes Horus und Sohn des Sonnengottes Re ist Inhaber magisch-göttlicher Kräfte.

Nach dem ägyptischen Schöpfungsmythos haben die Götter die Welt aus dem chaotischen Ursumpf heraus erschaffen, aus dem anfangs nur der Urhügel in Pyramidenform herausragte. Anschließend haben die Götter die Weltordnung dem Pharao als Hüter übergeben. Pharao war der erste Mensch und gleichzeitig Gott.

Aber, die Kräfte des virulenten Chaos bedrohen permanent die göttliche Weltordnung: Nilschwemme, Heuschreckenplagen, äußere Feinde wie die Hyksos oder gefährliche Tiere wie Löwe, Krokodil oder Nilpferd. Nur das persönliche Wirken Pharaos kann die Ordnung aufrechterhalten.

- **Erläutere den besonderen Zusammenhang von pharaonischer Bewegungs-/Körperkultur und dem Königsdogma.**

→ Geschichte ist für die alten Ägypter kein ökonomisch-sozialer-politischer Prozeß, sondern ein kultisches Drama mit Pharao als Hauptdarsteller. Über 3 Jahrtausende hinweg wird Pharao als
unüberwindlicher Weltordner und Kriegsheld dargestellt, der auch durch seine physische Kraft die gefährdete Ordnung sichert. Hieraus erwächst auch die besondere ideologische Bedeutung der
pharaonischen Körperkultur.

- **Erläutere den Lauf des Pharao beim Sedfest und seine verschiedenen Bedeutungen.**

Lauf des Pharao: Eine Runde mit zwei Wendemarken (Mauern) umrunden (Laufrunde auf Pyramidengelände).

→ **Symbolisch**: Das **Königreich umrunden** und bis ins hohe Alter **physische Präsens zeigen**. Der Krönungslauf des Pharao, 30 Jahre nach Amtsantritt während des Sed-Festes als Erneuerungslauf wiederholt: kultisch-magisches, symbolisches und politisches Ereignis.

→kultisch-religiös motivierte Form der Körperkultur.

- **Erläutere die Löwenjagd des Pharao und ihre kultische, politische und sportliche Bedeutung.**

→ Die Großwildjagd als Akt der Wiederherstellung der göttlichen Weltordnung MAAT:
Die MAAT gefährdende Kräfte, verkörpert durch gefährliche Tiere wie Löwen, Nilpferd, Krokodil, werden durch den Pharao bezwungen. Der Pharao galt dadurch als stark und furchtlos. Die Ägypter hatten Ehrfurcht und bejubelten ihren Pharao.

Aber auch: Die Jagd als Einübung des militärischen Ernstfalls für den Pharao.

- **Haben die Pharaonen „Sport" betrieben?**

→ „Sport" der Pharaonen in der 18. Dynastie (1500-1300 v.Chr.) ?

Entwicklung der pharaonischen „Rekorde" im Bogenschießen als erster Ansatz eines modern anmutenden Sportgedankens

Forschungskontroverse unter Althistorikern:

Ist der moderne Wettkampfsport wirklich eine Errungenschaft a) erst der heutigen Zeit
oder b) bereits der Alten Ägypter oder etwa c) der alten Griechen?

Antike Olympische Spiele

• **Nenne die wichtigsten olympischen Disziplinen und fasse sie in Gruppen zusammen.**

→ Leichtathletische Agone: Stadionlauf, Doppellauf, Langlauf, Fünfkampf

→ Schwerathletische Agone: Ringkampf, Faustkampf

→ Hippische Agone: Viergespann, Pferderennen, Pankration (Allkampf)

• **Erläutere die Organisation und Finanzierung der Olympischen Spiele**

→ **Organisation: Stadtstaat Elis**

Polisgemeinschaften waren Kultgemeinschaften unter dem Schutz von Göttern Kult, Religion und Wettkampf als gemeinschaftsbildendes Element OS als staatlich organisierte religiöse Feier und agonaler Wettkampf zu Ehren der Götter

Oberste Instanz: Heilige „bulé", der Olympische Rat (IOC)

Sitz im buleuterion, Regeln und Brauchtum, Programm und Ablauf, Überwachung der

→ **Hellanodiken (NOK)**„Griechenrichter", 1 > 10, hoch angesehenes kostenaufwendiges Ehrenamt („leiturgia"), 10 monatige Ausbildung, Durchführung des Festes, rote Purpurroben, Kampfrichter, Strafgewalt: Peitschen- und Stockhiebe, Geldstrafen, Ausweisung

→ **Finanzierung: „Moderner Finanzierungsmix"Staat:**

bauliche Grundanlage und ihre Unterhaltung

Politische Sponsoren (reiche Herrscher, andere Poleis): Restaurierungen, Sonderbauten, Statuen über öffentlich ausliegende Spendenlisten vor den Schatzhäusern am Weg zum Stadion

Private Mäzene (Hellanodiken): laufende Kosten (Öl für Athleten, Ordnungskräfte (Aleuten, d.h. Peitschenträger), organisatorischer Ablauf

• **Inwiefern war Olympia ein Ort panhellenischer Gemeinschaftsbildung?**

→ Olympia als panhellenisches Fest, an dem sich alle Griechen ihrer Gemeinsamkeit in Sprache und Lebensart bewusst wurden (Götter, agonaler Wettkampfsport, Architektur, Kunst, Musik, Erziehung), **Ort panhellenischer Identitätsbildung** (bedeutendste griechische Politiker wie Themistokles, Künstler wie Polyklet, Phidias, Historiker wie Herodot und Philosophen wie Isokrates trugen vor und unterrichteten auch die Athleten)

- **Erläutere die Bedeutung des olympischen Sieges im Zusammenhang mit dem griechischen Menschenbild.**

→ **Es gab keine Idee eines naturrechtlich begründeten Menschenrechtes für alle:**

Sklaven > Pferde in Senatorenrang > Frauen > Gastarbeiter > Bauern > ruhmreiche Krieger und Adlige > von Göttern mit Menschen gezeugte Halbgötter > Herrscher, die zu Göttern wurden > Götter (wie pubertierende Menschen), *Zitat Aristoteles*

„Olympio-Nike"(Nike = griech. Siegesgöttin), Sieg als Gunstbeweis der Götter

Olympischer Sieg, der den Menschen ins Göttliche überhöhte und in ganz Hellas bekannt machte:

Siegerstatue im Hl. Hain, bei mehrfachem Sieg mit individuellen Gesichtszügen, „Zanes"-Schandsäule bei Betrug auf der Prozessionsstraße Athleten beteten vor jedem Agon „Sieg oder Tod", der Sieg war unteilbar, es gab nur einen Sieger und viele Verlierer, keine Silbermedaille, keine Zeiten- und Weitenmessung, kein „Rekordgedanke", kein Stolz auf Teilnahme

- **Erläutere die Preise und Ehrungen, die ein Olympionike erhielt.**

→ **In Olympia:** Ölbaumzweig, Wollbinde, Palmzweig, Statue im Heilig. Hain

→ **Außerhalb Olympias:**

Heimatstadt: Triumphzug, Prämien, Abgabenfreiheit, keine Militärdienst, soz. Aufstieg durch Ehrenloge, lebens-lange Speisung im Rathaus, ehrenvolle Ämter u.a.

Preisagone in anderen Städten (um 500 v.: ca. 50; 100 v. Chr.: ca. 300):Antrittsgelder für Olympioniken und höchste Siegprämien

→ „Und der Ruhm leuchtet weithin, der bei den OS gewonnen wird. Wer dort siegt, hat für sein weiteres Leben honigsüße Heiterkeit, soweit Kampfpreise sie gewähren können."(Pindar, um 520 v. Chr.)

- **Erläutere die soziale Herkunft der Athleten im 8./7. Jh. v. Chr./im 6./5. Jh. v. Chr.**

→ **Von Anfang an hoch spezialisierte Leistungssportler,** am Start, die ihr Leben dem Sport widmeten (Siegerlisten, Abbildungen), **aber die soziale Herkunft änderte sich**

→ **8./7. Jh. v. Chr.: Das frühe, sozialelitäre System des Spitzensports**

-Adlige Spitzensportler des 8./7. Jh., zu deren Lebensstil kriegerisch-sportlicher Wettkampf

gehört; Gentlemen-Profisport

-Dominanz spartanischer Staatsamateure aufgrund des totalitären Erziehungssystems der Agogé

→ **6./5. Jh. v. Chr.: „Demokratisierung"des Spitzensports durch staatliche Sportförderung**

1. Einrichtung von bis zu 500 Preisagonen in den Staatsgebilden des griechischen Kulturraums, über die Lokalmatadoren an das olympische Spitzenniveau herangeführt wurden

2. Aussetzung staatliche Siegprämien (Athen, Solon 593v. 500 Drachmen!)

3. Einrichtung öffentlicher Gymnasien zur körperlich-geistigen Erziehung immer breiterer Volksschichten

• **Sport wurde im antiken Griechenland zu einem eigenständig organisierten gesellschaftlichen Teilbereich. Erläutere die Aussage.**

→ Die Wurzeln einer spezifisch abendländischen-westlichen Welt/Kultur liegen in vieler Hinsicht im antiken Griechenland. Trotz 2000 Jahren Distanz und vielfältiger Unterschiede ist uns die griechische Kultur in besonderer Weise nahe.

Es gab nämlich damals schon organisierte Sportverwaltungsstrukturen, Athletenverbände, feste Sportstätten, Sportbegrifflichkeit, Sportkritik, Sporttourismus, Spezialisierung im Sport/in der Betreuung, Wissenschaftliche Ernährungs- und Trainingslehre und Sportsponsoring.

<u>Bewegungskultur und Sport im Mittelalter</u>

• **Erläutere Weltbild und ständische Ordnung im Mittelalter.**

→ Gott, Geistliche, Adel, Bürger, Bauern

Oratores/ Betenden/ Geistlichkeit → Verbindung zu Gott (König & Kronvasallen)

Bellatores(Ritter)/ Kämpfenden/ Adel → Kampf und Schutz (Untervasallen)

Laboratores/ Arbeitenden/ Bauern, Handwerker, Kaufleute → Produktion (Abhängige)

• **Erläutere die Stellung der Ritter im Weltbild des Mittelalters.**

→ Der Ritterstand die Bellatores, der zweite Stand,weltlicher Adel (König → Herzog → Graf → Baron → Ritter)

- Zuständig für Kampf und Schutz

- Leisten Kriegsdienste für Kronvasallen und König

- Schützen die Abhängigen

• **Erläutere die Erziehung zum Ritter und die Bedeutung von Körperkultur und Sport hierbei.**

→ **Erziehungsziele:** Die 7 Behendigkeiten: gut reiten schnell auf und absitzen, Schwimmen und Tauchen, Armbrust/Bogen schießen, klettern können ,turnieren können, Schwert-Zweikampf, weit springen, fechten, tanzen, hofieren, Schach spielen

1. – 7. Lebensjahr: modern anmutende Freiheit der Erziehung: Kinderspiele, Laufen, Tollen, abenteuerliches Streifen durch Wiese und Wald

7. – 14. Lebensjahr: bewusste Formung des Knaben zum künftigen Mitglied des Ritterstandes:

Vielseitiges „Training" durch Laufen, Springen, Ringen, Stoßen, Klettern, Fechten, Begleitung bei der Jagd

14. bis 21. Lebensjahr: Zielgerichtete Vorbereitung auf ritterlichen Mannbarkeitsritus: Knabe wurde zu einem anderen Hof geschickt um dort höfisches Benehmen, Waffenhandwerk, Reiten, Gesetzte des ritterlichen Spiels und Ernst des Kampfes zu erlernen, sowie Begleitung bei Turnieren und Kriegszügen, schließlich Ritterschlag

• **Welche Arten von Turnieren gab es? Und welche gesellschaftlichen Funktionen erfüllte**

das Turnierwesen?

Arten von Turnieren:

- Tjost (Scharfrennen)

- Buhurt (ritterlicher Formationskampf)

Gesellschaftliche Funktionen:

- militärische Übungsform

- Form des Gottesdienstes als götterlicher Gunstbeweis

- Gesellschaftliche Statussicherung, Legitimation als wehrtauglicher schützender Stand

- Ritterliches Wettkampf- und Festvergnügen

- Öffentlicher Heiratsmarkt der Oberschicht („Frouwendeinst")

• **Erläutere den Ablauf eines großen Turniers als Bestandteil des höfischen Festes.**

- Ritter reiten von ihren Burgen zur Turnierstadt

- Helmschau und Ahnenprobe: „Einmarsch" der Turniervögte vor den Rittern und den Knappen/Pagen, anschließend Ahnenprobe

- Turnier, anschließende Siegerehrung durch Hofdame oder Fürst/Turniervogt

- Baden und „Frouwendienst"

- Turniere zwischen einer bis zwei Wochen Dauer

• **Erläutere die Aussage: Leibesübungen und Bewegungskultur im Mittelalter waren standesspezifisch strukturiert.**

• **Erläutere die Entstehung und Bedeutung von Schützengilden in der mittelalterlichen Stadtkultur.**

- Größer werdende Städte und Zerfall des Rittertums → Bürgerwehren entstanden zur Verteidigung gegen Raubritter (Aufgabe des städtischen Bürgertums der Verteidigung eines Teils der Stadtmauer), daraus entwickelten sich im Laufe der Zeit Schützengilden als ein Teil der Bürgerwehren, die Schützenfeste ausrichteten

- größer werdende Drang zur Selbstverteidigung der städtischen Bürger und Spaß an der Nachahmung der ritterlichen Aufgaben

- Überregionale Schützenhöfe als sportlicher Leistungsvergleich wirtschaftlich verbundener Städte

• **Erläutere die bäuerliche Körper- und Bewegungskultur und ihre Besonderheiten im Mittelalter.**

→ siehe Tabelle oben!!

Von der vormodernen Bewegungskultur zum postmodernen Sport

• **Erläutere die These von Christian Graf von Krockow zur Entstehung des modernen Sports.**

→ *These:* **Der moderne Sport ist ein Produkt der industriellen Gesellschaft. England ist das Land, in dem die industrielle Revolution begonnen hat und in dem folgerichtig der moderne Sport entstanden ist.**

→ *Begründung:*

• „Leistung, Konkurrenz, Gleichheit. Was den modernen Sport so symbolträchtig macht, ihm Faszinationskraft verleiht, ist nicht zuletzt die Exaktheit, um nicht zu sagen die Idealität, mit derer diese Grundprinzipien der Industriegesellschaft verwirklicht."

• Grundprinzipien und Verhaltensweisen der industriellen Gesellschaft prägen auch die Grundprinzipien und Verhaltensweisen in anderen gesellschaftlichen Lebensbereichen wie dem Sport.

• Die schnelle Verbreitung des modernen Sports im 19. Jh. von England aus hat seine Ursache darin, dass er die Grundprinzipien der Industriegesellschaft idealtypisch umsetzt. Die Leistungen des Forschers, eines Unternehmers, eines beförderten Angestellten können nur von Insidern beurteilt werden. Im Sport wird „der Rekordsprung jedem verständlich, dreifach nachgemessen, optisch in jedes Haus getragen."

• **Von der triebbestimmten Verhaltensformung zum postmodernen Sport, benenne die 4 Phasen und erläutere jeweils mit Stichworten.**

→ **Frühzeitliche Bewegungsform:** Bewegungsformen als spontane triebbestimmte Verhaltensweisen und als anthropologische Konstanten. Bewegung als Kampf Spiel Jagd

→ **Vormoderne Bewegungskultur:** Vormoderne institutionalisierte Formen der Bewegungskultur eingebunden in die Bereiche Erziehung Militär Unterhaltung Religion

→ **Moderner Sport:** Moderne Sportkultur als eigenständiger organisierter gesellschaftlicher Teilbereich Leistung-Konkurrenz-Wettkampf

→ **Postmoderne Sportkultur:** Postmoderne Sportvielfalt in einem organisatorisch und wertmäßig ausdifferzierten System des Sports

• **Welche neuartigen Rahmenbedingungen förderten die Verbreitung des modernen Sports?**

→ - unbefriedigter Bewegungsdrang und Spieltrieb in urbanen Zentren

- Ausgleich fordernde monotone Arbeitsprozesse in Fabriken und Großbetrieben

- Freizeit als Phänomen entsteht durch verringerte Arbeitszeiten

- rechtliche Gleichstellung aller Menschen

- finanzielle und materielle Vorraussetzungen und Spielräume für sportliche Betätigung

- weitgehende Normenidentität von Sport und industrieller Arbeitswelt

• **Erläutere an Beispielen die Charakteristika der „vormodernen institutionalisierten Bewegungskultur".**

→ Vormoderne Bewegungskultur: Vormoderne institutionalisierte Formen der Bewegungskultur eingebunden in die Bereiche: Erziehung, Militär, Unterhaltung, Religion.

Beispiele (gleich Bilder): Ritterturniere, antike Olympische Spiele, vormodernes Fußballspiel in England

Vormoderne Bewegungskultur: Vormoderne institutionalisierte Formen der Bewegungskultur eingebunden in die Bereiche: Erziehung, Militär, Unterhaltung, Religion.

Beispiele (gleich Bilder): Ritterturniere, antike Olympische Spiele, vormodernes Fußballspiel in England

• **Erläutere den sog. Postmodernen Wertewandel.**

• **Erläutere Charakteristika der Postmodernen Sportkultur als Multisystem des Sports.**

- **Einheitliche Wertestruktur des Sports:** Leistung, Wettkampf, Training, Konkurrenz, Rekord

- **Einheitliche Organisationsstruktur:** Vereine, Verbände, DSB als Einheitsorganisation, Meisterschafts- und Ligasysteme

- **Breitensport als Grundlage von Leistungs- und Spitzensport**, Einheit des Systems

• **In der Vormoderne war 'Sport' eingebunden in andere gesellschaftliche Teilbereiche. Was bedeutet das?**

→ Eingebunden in **Erziehung, Militär, Unterhaltung und Religion**

Beispiel: Das Leben der Ritter als von Gott vorgegebene Stellung (Standesangehörigkeit entschied über sportlichen Werdegang / Erziehung)

• **Erläutere das Pyramidensystem des Sports.**

Sport im Nationalsozialismus am Beispiel Schule und Leibeserziehung

• **Erläutere den „besonderen" Zusammenhang von Ideologie und Pädagogik in der nationalsozialistischen Leibeserziehung.**

→ Der Staat richtete seine Erziehungsarbeit auf das „heranzüchten des kerngesunden Körpers". Das heißt das Erziehung mit Leibesertüchtigung zu tun hatte. Danach folgte erst die geistliche Fähigkeit. Leibeserziehung ist Aufgabe des Staates.

→ **Schaubild: Die Ideologie nationalsozialistischer Leibeserziehung**

• Erläutere den Begriff Erziehung unter Verwendung der Begriffe „Personalisation und Sozialisation".

• Erläutere und begründe die Bedeutung der Sozialisation im Rahmen der NS-Leibeserziehung.

Siehe oben rechte Seite

Sozialisation durch: Eltern, NAPOLA, NS-Schule, Hitlerjugend

• Erläutere und begründe die Bedeutung der Personalisation im Rahmen der NS-Leibeserziehung.

Siehe oben linke Seite

• **Das Fach Leibeserziehung hatte eine besondere Stellung in der nationalsozialistischen Schule inne. Erläutere die Aussage am Beispiel der Richtlinien von 1937 für die Leibeserziehung an Jungenschulen.**

→ Die Leibeserziehung wurde nicht einfach als Fach für Körperbildung gesehen. Sondern es war eine Erziehung „vom Leibe her oder durch den Leib". Das hieß Kinder du Jugendliche waren am besten im Spiel und Sport zu erziehen und konnten dabei auf Rasse und Wehr getrimmt werden. Inhalte und Ziele ergeben sich aus der nationalsozialistischen Weltanschauung

→ Erziehung nach strikten Richtlinien, ohne Rücksicht auf die Personalisation

• **Erläutere die Phasen der Schulsportentwicklung im nationalsozialistischen Deutschland.**

→ **Erlasse und Richtlinien:**

1.) 1933 - 1937: Phase der Sofortmaßnahmen

• 24.10.1933 Erlass zur Einführung d. SA-Befehlssprache für Ordnungs- und Geländeübungen im schulischen Sportunterricht (Erl. des Preuß. Min. für Kultur, Wissenschaft und Volksbildung)

• 24.10.1933 Erlass zur Einführung des Boxens im schulischen Sportunterricht

• 16.9.1935 Erlass über die Einführung der 3. Turnstunde im schulischen Sportunterricht

• Freiwillige Geländesport-Arbeitsgemeinschaften, Geländesportsonderveranstaltungen an Schulen, Geländesportlehrgänge in der Oberstufe, Anlage von Wehrbahnen als örtliche Sondermaßnahmen

• 03/1936 „Schülerauslese-Erlaß" > Schulverweis von Gymn. bei dauernder sportlicher Minderleistung

2.) 1937 - 1939: Phase der planmäßigen inneren und äußeren Umgestaltung

• 1936/37 Neuordnung, Vereinheitlichung und Verkürzung des gymnasialen Schulwesens

• 1.10.1937 Richtlinien für die Leibeserziehung in Jungenschulen

• 1941 Richtlinien für die Leibeserziehung der Mädchen in Schulen

3.) 1939 - 1945: Phase der kriegsbedingten Improvisation

• Februar 1939 REM-Erlaß, Notprogramm zur Ausgestaltung der LE in Schulauen, Klassenräumen, im Gelände und auf Schulhöfen

• April 1940 Westfälische Sonderrichtlinien zur Leibeserziehung im Krieg, Zusammenlegung von 2-3 Schulklassen zu 1 Turnklasse, Einsatz fachfremder Lehrer, Verringerung der Wochenstundenzahl auf 3, Einführung von 40-Min.-Kurzstunden u.a.

• Seit 1941 Erlasse zu Luftalarmen, Kinderlandverschickungen, Schüler-Ernteeinsätze, Sammelaktionen

Leistungssport in der DDR (und BRD im Vergleich)

• **Was bedeutet der Begriff „Diplomaten im Trainingsanzug"?**

→ Instrumentalisierung des Sports durch die Politik. Alles Sportliche war in der Politik geregelt.

Einsatz der Top-Athleten der DDR als „Diplomaten im Trainingsanzug" um Ansehen der DDR national sowie international zu mehren. Erfolge der Top-Sportler als Aufbau einer Identität der DDR-Bürger zu ihrem Staat.

• **Erläutere das Ziel und die Folgen des Leistungssportbeschlusses des SED-Politbüros von**
1969.

Ziele:

- internationales Ansehen der DDR durch gute Ergebnisse bei OS fördern

- 3. Platz bei OS bestätigen und sich vor Westdeutschland platzieren

- Kampf als sozialistisch geprägter Staat gegen den Kapitalismus durch Förderung des Leistungssports (Klassenkampf mit Kapitalismus aufnehmen)

Folgen:

- Leistungszielstellungen für OS 1972

- Hauptaufgabe der Entwicklung des Leistungssports bis 1972

- Auswahl, Erziehung und sportliche Ausbildung der Olympiakader
- Förderung Nachwuchskader
- Entwicklung der wissenschaftlichen Arbeit im Leistungssport
- Entwicklung und Qualifizierung der Kader
- Planung, Leitung und Organisationsstruktur des Leistungssports
- Entwicklung der finanziellen, personellen und materiellen Bedingungen bis 1972

• **Nenne und erläutere stichwortartig die Stufen des Leistungssportfördersystems der DDR, beginnend mit der sog. ESA.**

• **Erläutere die Merkmale des Leistungssportsystems in der DDR.**
→ **Merkmale des DDR-Leistungssportsystems:**
- diktatorisch-totalitäres (sport)politisches System: zentral, hierarchisch und effektiv gesteuert
- Zwangselemente, die nur in einem solchen System denkbar sind
- sportpolitische Vorgaben durch das SED-ZK, effiziente Umsetzung durch den DTSB
- Gesamtsystem von aufeinander abgestimmten Teilelementen von der Sichtung bis zur Medaille
- vom Staat finanziell und personell maximal ausgestattet
- autonomes Sportsystem, abgekoppelt vom Freizeit- und Breitensport- und vom allgemeinen Schulsportsystem
- **professionelles, aber nicht kommerzielles Leistungssportsystem**

• **Erläutere die Merkmale des Leistungssportsystems in der BRD.**
→ **Merkmale des Leistungssport´systems´ der BRD:**
- Es gibt kein zentral gesteuertes Gesamtsystem.
- kein System von aufeinander abgestimmten Teilelementen
- Freiheitlich-demokratische Grundordnung
- Keine Zwangs-/Ausdelegierungen, kein Staatsdoping u. a.
- autonome föderale staatliche und sportorganisatorische Strukturen
- Unstimmigkeiten zwischen Verbänden (Bundes- /Landesebene)
- Unabhängigkeit des DSB/DOSB als Organ der ´freien´ Sportselbstverwaltung

- **Erläutere und charakterisiere den Ablauf der deutsch-deutschen 'Vereinigung' auf dem Gebiete des Sports**

1989: → Fall der Berliner Mauer > Öffnung der innerdeutschen Grenzen

1990: → „Runder Tisch" des DDR- Sports nimmt die Arbeit auf und sucht nach neuen Wegen eine demokratisch- freiheitliches DDR- Sportsystem aufzubauen

→ Ausschluss der ehemaligen Führungsspitze des DDR- Sports

→ Massenentlassung im aufgeblähten DTSB- Personal- Apparat

→ „Konzept für die Vereinigung des deutschen Sports", ausgehandelt von einer DSB- DTSB- Delegation nach „werstdeutschen Gestaltungsprinzipien

→ Gründung von Landessportbünden in den 5neuen Bundesländern

→ Auflösung des DTSB

→ Aufnahme der neuen LSB in DSB

Folgen:

- Wegbruch des ostdeutschen Freizeit- und Breitensportsystems durch Auflösung der Betriebssportgemeinschaften
- Langsamer Neuaufbau eines Vereinswesens
- Marode Sportanlagensituation
- 1992: „Goldener Plan Ost" → Sanierungs- und Bauprogramme für Sporthallen, Sportplätze, Schwimmbäder
- Aufbauphase hält bis heute an

Fazit:

- **Nenne eine der didaktische Orientierungsfunktionen der Sportgeschichte und erläutere**

sie anhand von Beispielen, die Du in der Vorlesung kennen gelernt hast, ausführlicher.

Eine dieser Potenziale rausgreifen und näher erläutern!!!

BEI GRIN MACHT SICH IHR WISSEN BEZAHLT

- Wir veröffentlichen Ihre Hausarbeit,
  Bachelor- und Masterarbeit

- Ihr eigenes eBook und Buch -
  weltweit in allen wichtigen Shops

- Verdienen Sie an jedem Verkauf

Jetzt bei www.GRIN.com hochladen und kostenlos publizieren